Jacques Le Goff

Das alte Europa und die Welt der Moderne

JACQUES LE GOFF

DAS ALTE EUROPA UND DIE WELT DER MODERNE

Aus dem
Französischen von
Tobias Scheffel

VERLAG C.H. BECK
MÜNCHEN

Ausstattung Juergen Seuss, Niddatal bei Frankfurt am Main
Mit 6 Karten im Text
Gesamtherstellung Offizin Haag-Drugulin, Leipzig
Der Druck des Textes erfolgte im Buchdruck auf einer Polygraph V 1040
des Baujahres 1975. Als Schrift wurde die Korpus Didot, Nr. 71-11
Monotype verwendet. Die sechs farbigen Karten wurden im
Offsetverfahren eingedruckt.
Als Papier wurde ein 120 g schweres Alster-Werkdruck der
Firma Geese Hamburg verwendet, es ist alterungsbeständig (säurefrei)
und aus chlorfrei gebleichtem Zellstoff hergestellt.
Printed in Germany

ISBN 3 406 38015 8

Europa ist Vergangenheit und Zukunft zugleich. Seinen Namen hat es vor zweieinhalb Jahrtausenden erhalten, und gleichwohl befindet es sich noch im Zustand des Entwurfs. Kann das alte Europa auf die Herausforderungen der modernen Welt eine Antwort geben? Ist sein Alter Ursprung für Stabilität oder Ursache für Schwäche? Befähigt es sein Erbe, sich in der Moderne zu behaupten? Befragen wir als Historiker die *longue durée.*

Europa betritt die Geschichte durch die Tür der Mythologie. Als Tochter Agenors, des Königs von Phönizien, soll sie von dem in einen Stier verwandelten Zeus nach Kreta entführt worden sein, wo als Frucht ihrer Liebe zum König der Götter ihr Sohn Minos geboren wurde. Das von den griechischen Geographen der Antike so getaufte Europa entsteht im Mythos, im Schoß der ältesten Schicht der Hochkultur des Okzidents, der griechischen Kultur. Dabei war die Individualisierung eines Kontinents ›Europa‹ kein Zwang der Geographie. Afrika oder die beiden Amerika werden durch den Verlauf ihrer Küsten bestimmt. Europa ist nur die Spitze des unermeßlichen asiatischen Kontinents, den man deshalb Eurasien nennen muß. Die Griechen beantworten aber eine Frage nicht, die zu einer Hauptfrage werden und es bleiben wird: Welches sind die Grenzen Europas im Osten? Die Steppen des heutigen Rußland, die Hochebenen, die Anatolien von den Tälern von Euphrat und Tigris trennen, bilden das unbestimmte Gebiet, wo Europa aus Asien heraustritt.

Dennoch haben die Griechen eine klare Vorstellung von den Gegensätzen, die zwischen den beiden Kontinenten und ihren Bewohnern bestehen. Nach seiner Theorie, die dem Einfluß des Klimas auf Konstitution und Wesen der Menschen wie der Gesellschaften eine bestimmende Rolle zuerkennt – so wie es dann Montesquieu im 18. Jahrhundert tat –, hält der berühmte griechische Arzt Hippokrates, der am Ende des fünften und Anfang des vierten Jahrhunderts v. Chr. lebte, die Europäer für mutig, aber kriegerisch, während die Asiaten weise und kultiviert, aber ohne Tatkraft seien; die Europäer hingen an der Freiheit und seien bereit, für sie zu kämpfen, ihr bevorzugtes politisches System sei die Demokratie; die Asiaten hingegen akzeptierten mit Leichtigkeit die Knechtschaft im Austausch für Wohlstand und Ruhe; sie fänden sich mit despotischen Regierungen ab. Dieses ideologische Schema, das bis zur Aufklärung und darüber hinaus überlebte (ist die marxistische Vorstellung von der asiatischen Produktionsweise nicht ein Erbe der Theorie vom asiatischen Despotismus?), spiegelt die Mentalität von Menschen wider, die vom Kampf der griechischen Stadtstaaten gegen das persische Reich geprägt waren, schenkt aber dem entstehenden europäischen Bewußtsein die Idee der Demokratie. Diese Idee findet die Welt der Moderne in einer durch die Geschichte präzisierten und komplizierter gewordenen Ausprägung wieder, und die heutigen demokratischen Nationen haben andere Dimensionen als das antike Athen, aber sind Plato und Aristoteles nicht noch immer fruchtbare Quellen für die europäische Reflexion über die Demokratie?

Einige Hauptthemen der Geschichte Europas sind so bereits von der griechischen Antike an gegeben. Stellen die noch immer grundlegenden, wenn auch von der politischen Geschichte veränderten geographischen Gegebenheiten nicht immer noch die gleiche Frage: Welche Grenzen hat Europa im Osten? Die griechische Kultur hat grundlegende Werte geliefert, die noch heute intellektuelle und ethische Instrumente für die Europäer sind: die Idee der Natur, die Idee der Vernunft, die Idee der Wissenschaft, die Idee der Freiheit und vor allem vielleicht die Idee des Zweifels und ihre Anwendung. War nicht der kritische Geist eines der wesentlichen Werkzeuge des Denkens und Handelns der Europäer, und bleibt er nicht heute noch einer ihrer großen Vorzüge gegenüber dem Ritualismus oder dem Fundamentalismus anderer Denksysteme, die es nicht verstanden haben, den methodischen Zweifel zu übernehmen?

Mit dem Römischen Reich scheint Europa einen Irrweg zu beschreiten. Es ist auf das Mittelmeer hin ausgerichtet, es umschließt große Gebiete Afrikas und Asiens, sein Zentrum jedoch ist Italien, ein höchst europäisches Land. Es läßt seine einheitliche Kultur ausgreifen auf weite Regionen: Portugal, Spanien, Nordengland, Gallien, das Rheintal bis Maastricht, das Donautal bis Aquincum vor den Toren des heutigen Budapest. Die römische Prägung ist in zahlreichen europäischen Städten noch immer sichtbar, denn es ist vor allem eine städtische Prägung. Das Römische Reich verbreitet eine Sprache, aus der die Gesamtheit der romanischen Sprachen hervorgeht, die noch heute besteht und von der zu hoffen ist, daß sie noch lange bestehen wird, eine europäische Kultursprache, das Latein. Das Imperium respektiert die Nationen und gewährt unter Kaiser Caracalla zu Anfang des 3. Jahrhunderts den Titel Römischer Bürger, auf den man stolz ist. Schon der heilige Paulus etwa, der in den Genuß dieses Titels kam, fühlte sich mit gleichem Stolz als Jude und als Römer. Das Römische Reich verbreitet in jenem Europa, das von Schottland bis Sizilien und von Galizien bis zu dem späteren Ungarn reicht, Gewohnheiten, die man noch immer in den europäischen Lebensgewohnheiten wiederfindet, sei es in der hohen Kultur, die sich auf die Schrift, das Buch und das Schulwesen stützt, sei es bei den Alltagsgepflogenheiten. Die Europäer trinken Wein außerhalb der Gegenden, in denen er angebaut wird, verwenden Steine und Ziegel in der Nachfolge der Maurer und Architekten der Römer, oder sie pflegen einen öffentlichen und klangvollen Gebrauch des Wortes, als dessen Folge es in den verschiedenen Sprachen Europas überall Redner gibt, die sich einer lateinisch geprägten Rhetorik bedienen.

Aber unter seiner vermeintlichen Einheit hat das Römische Reich eine tiefe Spaltung gefestigt, jene nämlich, die den lateinischen Westen vom griechischen Osten trennt.

Das Römische Reich im Westen überlebte die Invasion und die Ausbreitung vor allem germanischer Völker nicht, die von jenseits des Limes kamen, der militärischen Verteidigungslinie gegen die Nomaden, deren Wirkungslosigkeit zeigt, daß keine Mauer in der Lage ist, den Lauf der Geschichte aufzuhalten, und daß sich politische oder kulturelle Gemeinschaften, die sich hinter solchen Mauern abschließen, dadurch nur um so leichter der Überflutung durch jene aussetzen, die sie zuvor weder zu empfangen noch zu integrieren verstanden. Der Zusammenbruch des Römischen Reiches ist auch auf den Verfall einer Geldwirtschaft mit großem Aktionsradius zurückzuführen, auf die Entwicklung einer städtischen Krise, auf die Fragmentierung der Wirtschaft in landwirtschaftliche Regionen, auf die Pauperisierung der Massen und auf den Werteverfall der heidnischen Welt. Die Vorwegnahme Europas, die das Römische Reich im Okzident darstellte, macht damit für eine politische und kulturelle Einheit die Notwendigkeit offenkundig, gemeinsam eine Wirtschaft und eine Währung lebendig zu erhalten, ebenso wie erneuerungsfähige Städte, eine Bevölkerung, die nicht im Elend lebt, und Werte, die in der Lage sind, einen Glauben zu spenden und das Handeln zu leiten.

Die große religiöse und ideologische Neuheit des westlichen Europas seit dem 4. Jahrhundert ist das Christentum. Bald spaltet es sich in ein römisches Christentum im Westen und ein griechisches im Osten, was den Gegensatz zwischen dem römischen und dem griechischen Teil des Römischen Reiches verstärkt. Die beiden Formen des Christentums entfernen sich mehr und mehr voneinander und schaffen eine kulturelle Grenze der *longue durée*, die durch die politischen Grenzen noch verhärtet wird, von Skandinavien bis Kroatien auf der einen Seite, die Balten, Polen, Tschechen, Slowaken, Ungarn, Slowenen einschließt, von Rußland bis Griechenland auf der anderen. Ein Aspekt dieser Grenze bietet heute ein erschütterndes Bild: der Graben verläuft zwischen dem römisch-katholischen Kroatien im Westen und dem, was im Osten zum orthodoxen Serbien geworden ist. Die Grenze, die 1054 durch das morgenländische Schisma bestätigt wird, das dem römischen Papsttum die griechische Kirche endgültig entzieht, trennt das westliche Christentum von Byzanz und der orthodoxen slawischen Welt. An dieser Grenze stehen einander gegenüber: auf der östlichen Seite eine prunkvolle byzantinische Welt, Hüterin des antiken Erbes, mehr und mehr geschwächt aufgrund der wirtschaftlichen Ausbeutung durch den Westen, die bis zu ihrem Fall 1453 durch den türkischen Vormarsch immer kleiner wird, eine Welt, in der der König, der Basileus, über eine kaiserliche und eine päpstliche Macht verfügt, sowie eine russische Welt, die zwischen dem westlichen Modell und den Verlockungen des asiatischen Orients schwankt; auf der westlichen Seite eine Welt, die geteilt ist, barbarisiert, nur unzureichend geeint durch zwei Oberhäupter, Papst und Kaiser, die aber einen außergewöhnlichen wirtschaftlichen, politischen und kulturellen Aufschwung und eine immer stärkere Expansion erlebt: das lateinische Christentum. Jenes Christentum ist das mittelalterliche Europa. Die Völker, die sich innerhalb des Römischen Reiches niedergelassen haben, bilden mit der Bevölkerung, die dort bereits lebte, Staaten, die unter der Herrschaft eines erobernden Anführers stehen, der die Bezeichnung ›König‹ annimmt und eine Herrschaftsdynastie begründet: die Goten, dann die Lombarden in Italien, die Westgoten in Aquitanien und Spanien, die Franken in Gallien und die Angelsachsen in einer Vielzahl von kleinen Königreichen in Großbritannien.

So zeichnet sich ein erster Entwurf Europas auf zwei Grundlagen ab: die eine besteht aus der Gemeinschaft des Christentums, geformt von Religion und Kultur, die andere aus den vielförmigen unterschiedlichen Königreichen, gegründet auf eingeführten ethnischen oder alten multikulturellen Traditionen (etwa Germanen und Galloromanen in Gallien). Das ist die Vorwegnahme des Europas der Nationen, denn seit seinen An-

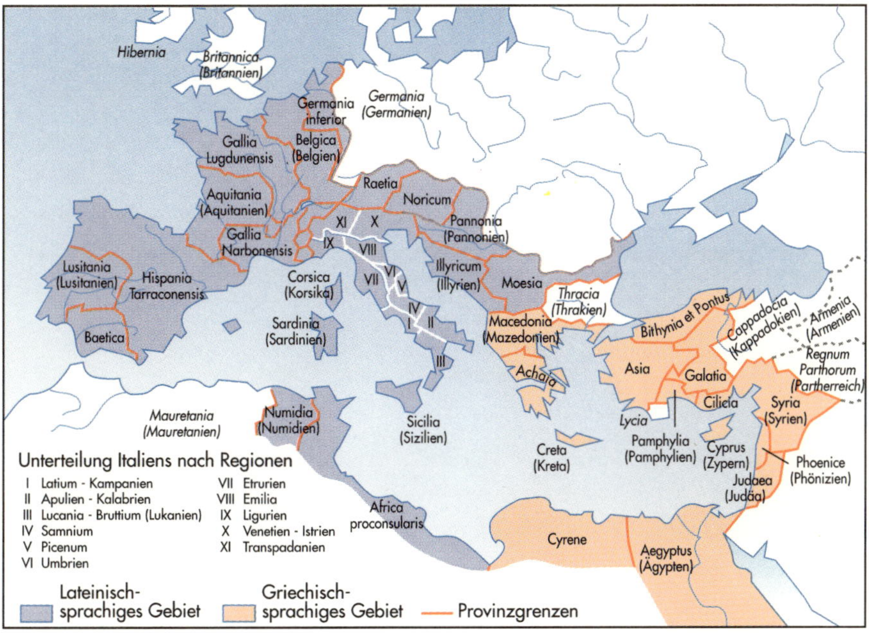

Das Römische Reich unter Augustus

(1. Jahrhundert vor Christi Geburt)

fängen zeigt Europa, daß die Einheit aus der Verschiedenartigkeit der Nationen geschaffen werden kann: Europäische Nationen und europäische Einheit sind miteinander verbunden.

Das Christentum hinterläßt seine Prägung dadurch besonders deutlich, daß sie sich auch in Institutionen überliefert und der Gesamtheit der christlichen Staaten ein zweifaches Netz aufzwingt: das der Diözesen, dann Pfarreien und das der klösterlichen Welt, in der sich zu Beginn des 9. Jahrhunderts eine einheitliche Regel durchsetzt, nämlich die des heiligen Benedikt. Das benediktinische Klosterwesen gewöhnt die Europäer in den folgenden Jahrhunderten an Zeitpraktiken, die noch die Grundlage für unsere gegenwärtige Einteilung der Zeit bilden. Zunächst ist das die große Trennung zwischen einer Zeit des Gebets und einer Zeit der Arbeit, die eine Trennung einführt zwischen dem, was als Arbeitszeit bestehen bleibt und sich festigt, und dem, was sich in Richtung einer Zeit der Ruhe, der Freizeit und der Feier hin entwickelt. Darüber hinaus sind das die ersten akustischen Zeichen der Zeiteinteilung, die allen auferlegt werden: das Läuten der Glocken, der Vorläufer der Zeitansage. Schließlich ist das der Zeitplan der Mönche nach den regelmäßigen Unterteilungen der kanonischen Stunden des Tages und der Nacht, eine individuelle und kollektive Ordnung der Zeit, die von dem Zeitplan der Bürger und Händler ab dem 14. und 15. Jahrhundert abgelöst wird, der den Europäern den Gewinn einer rationellen Zeitverwaltung beibringt; ein wirtschaftlicher und moralischer Trumpf, von dem Europa profitiert, selbst wenn die Mächtigen (Herrscher, Industrielle, Bürokraten) ihre Macht über die Zeit mißbrauchen.

Zwei entscheidende Phänomene treten im Laufe dieser Umstrukturierung des Römischen Reiches im Westen zutage.

Das erste ist, im Unterschied zum byzantinischen Osten, die Ablehnung einer theokratischen Macht. Im Westen haben Kirche und Papst die religiöse Macht, der König die politische. Das Gebot des Evangeliums regelt die Dualität der Mächte: ›Gebet dem Kaiser, was des Kaisers ist‹. Europa entgeht der monolithischen Theokratie, die Byzanz und vor allem den Islam gelähmt hat, nachdem sie dessen Ausbreitung zunächst gefördert hatte.

Das zweite ist die ethnische Mischung, die ein Ergebnis der Entstehung der Christenheit und christlicher Königreiche ist: mit den Kelten, Germanen, Galloromanen, Anglonormannen, Italoromanen, Iberoromanen und Juden mischen sich Normannen, Slawen, Ungarn, Araber durch Akkulturationsvorgänge, die ankündigen, was ein Immigrationswellen offen gegenüberstehendes Europa sein wird: ein Europa der kulturellen Vielfalt und der Rassenmischung. Indessen taucht im Spanien der Westgoten einer der bösen Dämonen Europas auf: der Antisemitismus.

Der Versuch, die westliche Christenheit als ein vom byzantinisch-griechischen Reich unabhängiges Reich politisch zu einen, ist zweimal unternommen worden: mit der Krönung Karls des Großen zum Kaiser im Jahre 800 in Rom und mit Otto I., der 962 ebenfalls vom Papst in Rom gekrönt wurde. Diese Auferweckung des Kaisertums schuf eine Institution, die eher theoretisch und symbolisch war als real: das Heilige Römische Reich deutscher Nation, dessen gedachte Hauptstadt Rom war, von dem sich außer Deutschland alle anderen Länder aber bald unabhängig machten – sogar Italien, dessen Unterwerfung unter die kaiserliche deutsche Macht zumeist formal blieb. Das Reich war im mittelalterlichen Europa die meiste Zeit eine Form ohne Inhalt, und mit ihren Streitigkeiten über den Supremat der geistlichen Macht über die weltliche oder umgekehrt erschöpften sich Papst und Kaiser in vergeblichen Konflikten und gerieten so an den Rand der wirklichen politischen Entwicklung Europas, der Entstehung der modernen Nationalstaaten seit dem 13. Jahrhundert.

Die Teilungen des Karolingerreiches im 9. Jahrhundert hatten eine der wichtigsten Teilungen Kontinentaleuropas in die Wege geleitet: das westliche Frankenreich (das künftige Frankreich) und das östliche Frankenreich (das künftige Deutschland). Aber sie hatten Italien zum Teil mit der teilweisen Herrschaft der Deutschen belastet, die sich mit dem Kirchenstaat verbanden und die italienische Einheit bis ins 19. Jahrhundert verhinderten. Zwischen Frankreich und Deutschland sollte eine unbestimmte Zone, die zunächst Lotharingien genannt wurde und nicht in der Lage war, sich in einen Staat zu verwandeln, auf viele Jahrhunderte ein Gelände der Konfrontation zwischen Franzosen und Deutschen bilden.

Währenddessen erreicht zu Beginn des 8. Jahrhunderts die große Welle der arabischen Eroberungszüge Westeuropa. In der Provence ist die muslimische Ansiedlung schwach und bleibt eine vorübergehende Erscheinung, in Sizilien ist sie stärker und dauerhafter, trotzdem aber begrenzt, den größten Teil Spaniens jedoch überschwemmt sie, bevor im 12. und vor allem 13. Jahrhundert die kleinen christlichen Königreiche im Norden der Halbinsel – Kastilien, León, Navarra, Asturien, Galizien und Aragón – die Muslime im Lauf der Reconquista zunächst langsam, dann schneller zurückdrängen. Erst 1492 vertreibt das christliche Spanien, nun vereint durch die Verbindung von Kastilien und Aragón, die Muslime endgültig aus ihrer letzten Niederlassung, dem kleinen Königreich von Granada.

Die Episode des karolingischen Reiches ist nur eine Etappe in der Errichtung Europas, aber die Ergebnisse seiner Teilung nach dem Vertrag von Verdun (843) und seine Korrekturen unterstreichen die Vorwegnahme eines politischen Europa voller Erfolge und Konflikte. Das Paar Frankreich–Deutschland beginnt sich klarer abzuzeichnen, aber das instabile Lotharingien schafft einen gefährlichen Zankapfel. Italien seinerseits stellt eine Beute dar, auf die Deutschland im Mittelalter, Frankreich während der Renaissance und die großen europäischen Staaten bis ins 19. Jahrhundert spekulieren – auch da zum größten Unglück Europas.

Die Teilungsverträge des 9. Jahrhunderts verweisen auf eine grundlegende Gegebenheit Europas: Es ist die westliche Spitze des eurasischen Kontinents, und die verschiedenen Arten der Bodenbeschaffenheit, der Wirtschaftsformen, der Kulturen verlaufen in Streifen stufenförmig von Nord nach Süd. Die von den Karolingern geschaffenen Staaten bemühen sich, durch eine senkrechte Einteilung ein Stück von jedem Streifen zu erhalten. Doch bedarf diese geographisch-historische Vielfalt zusätzlicher harmonisierender Konstruktionen, die die Besonderheit und den Reichtum eines jeden erhalten. Das haben unglücklicherweise weder Karl der Große noch Karl V. noch Ludwig XIV., die Französische Revolution oder Napoleon begriffen.

Paradoxerweise ist das Mittelalter, die Zeit, in der Europa Gestalt annimmt, auch die Zeit, da der Begriff fast verschwindet und seine seltene Verwendung daraus kaum mehr als eine geographische Vokabel macht. Der Verfasser einer Chronik aus dem 8. Jahrhundert, der vom Sieg Karl Martells 732 bei Poitiers schreibt, spricht zwar davon, daß den Muslimen dort die Europäer gegenübergestanden hatten. Aber die am häufigsten verwendeten Begriffe für die europäische Gesamtheit sind zum einen Christenheit, zum anderen Okzident.

Europa gewann allmählich durch seine innere Entwicklung und mit dem Kontakt zu Gegnern und Konkurrenten ein politisches und kulturelles Gesicht. Wie bei den innereuropäischen Konflikten sieht man in der Regel in diesen Kontakten nur Konfrontationen. Man sieht, wie der Islam aus Spanien die Verlängerung der islamischen asiatisch-afrikanischen Welt macht und wie die Türken ab dem 15. Jahrhundert im äußersten Südosten ein Stück von Europa aushöhlen. Allerdings darf man nicht vergessen, daß jene Kontakte in friedlicher Form, die ja ebenfalls bestanden, für Europa von hohem Nutzen waren. Über Spanien und Sizilien gelangten im Mittelalter die Techniken, die Wissenschaften, die Philosophie nach Europa, die die Araber von den Griechen, den Indern, den Iranern, den Ägyptern und Juden geerbt hatten. Diese Beiträge erlaubten Westeuropa, das sie zu assimilieren, zu adaptieren und wiederzuerschaffen sowie aus eigener Kraft andere Quellen zu nutzen verstand, jenen außergewöhnlichen mittelalterlichen Aufschwung, der es die Macht der großen chinesischen, indischen, muslimischen und byzantinischen politisch-kulturellen Räume übertreffen und deren Zivilisation ebenbürtig werden ließ.

Das Mittelalter hat Europa ausgerüstet. Es hat sich im Bereich der Technik als Eroberer und Neuerer gezeigt, es hat die zuvor existierenden Techniken verbessert und verbreitet. Wenn es auch übertrieben ist, von einer technischen Revolution zu sprechen, so hat es doch eine starke Beschleunigung des zuvor sehr langsamen technischen Fortschritts gegeben. Das Mittelalter bleibt eine Welt des Holzes, die Verwendung von Stein und Eisen hat es aber in hohem Maß gesteigert. Ab dem 13. Jahrhundert hat man begonnen, Eisen-, Blei-, Kupfer- und Kohleminen abzubauen. Für die Energienutzung sind das wichtigste Phänomen die beachtliche Verbreitung der Wassermühle, auf dem Land und in den Städten, sowie deren Verwendung zu industriellen Zwecken (zur Herstellung von Eisen, Bier, Papier, zum Walken, zum Gerben usw. ... und als hydraulische Säge), und, am Ende des 10. Jahrhunderts, das Auftauchen der Windmühle. Die Mühle ist zu einer regelrechten Maschine geworden.

Die Transporte zu Land sind durch Anlegen und Unterhalt von Straßen leichter geworden, durch den Bau größerer und stabilerer Wagen, die Verbesserung der Gespanne, durch größeren Schutz der Händler und der Handelszüge, die Konstruktion von Brücken und die Öffnung neuer Straßen, deren berühmteste die Alpenstraße über den Sankt Gotthard im 13. Jahrhundert war.

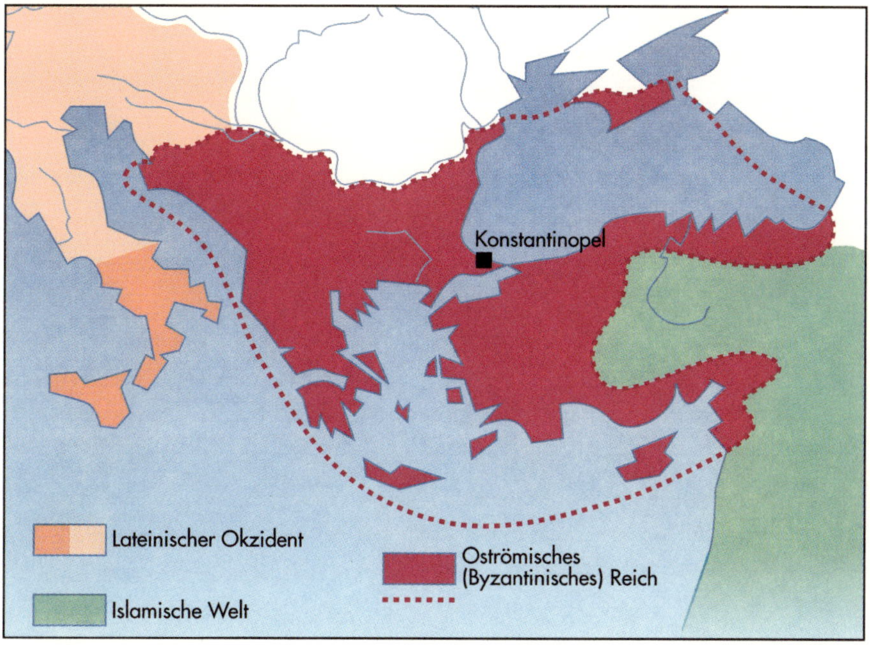

Die westliche Welt im Jahre 1204

Im Bereich der Seeschiffahrt waren die Fortschritte noch gewaltiger, vor allem ab dem 13. Jahrhundert: Bau von Schiffen größerer Tonnage (auf dem Mittelmeer *Naves*, bei der Hanse *Koggen*), Austauschen des seitlichen Steuerruders durch das beweglichere und zuverlässigere Manöver ermöglichende Heckruder, bessere Takelung (Verbreitung des Lateinsegels), Perfektionierung des Astrolabiums und der astronomischen Messungen, Verbreitung des Kompasses, Einführung genauerer Karten. Zu Beginn des 16. Jahrhunderts verfügt Europa über die technischen Möglichkeiten, die Welt zu entdecken und zu erobern. China hatte sie auch, machte davon im Gegensatz zu Europa aber keinen Gebrauch. Der Grund für das unterschiedliche Verhalten ist zweifellos im Bereich der Kultur und der Mentalität zu suchen, in einem geringeren rituellen Festhalten der Europäer an Traditionen und in einer größeren sozialen Mobilität. Es ist in der Tat bemerkenswert, daß die technischen Neuerungen aus den religiösen ebenso wie aus den weltlichen Gemeinwesen gekommen zu sein scheinen, von den Herren ebenso wie von den Bauern, aus den ländlichen oder städtischen Gemeinwesen ebenso wie von den Individuen.

Im Bereich der Landwirtschaft bestanden die Fortschritte vor allem in der stärkeren Verwendung des Eisens bei den Werkzeugen und in der Verbreitung neuer Arbeitsinstrumente wie dem Räderpflug mit asymmetrischer Pflugschar und der Egge, in der Verwendung eines Gespannsystems, das über die Schultern führte und nicht mehr die Brust der Ochsen oder Pferde einzwängte, in der langsamen Verbreitung der Dreifelderwirtschaft, die eine Steigerung der kultivierten Fläche ermöglichte, und in der Einführung des Zwischenfruchtbaus (Sommergetreide, Futterpflanzen oder Pflanzen zur gewerblichen Verarbeitung). Das Wiederauftauchen landwirtschaftlicher Abhandlungen im 13. und 14. Jahrhundert zeigt die Tendenz, den Ackerbau rationeller und wissenschaftlicher zu betreiben. In Handwerk und Gewerbe erfolgt die bedeutendste Neuerung neben der Mühle in der Textilherstellung mit dem vertikalen Pedalwebstuhl und dem Spinnrad. Auf den Baustellen vervollkommnet man die Hebevorrichtungen, und die ersten Schubkarren erscheinen. Im 15. Jahrhundert treibt der Aufschwung der Artillerie, die in die Kriegskunst Einzug hält, die Metallindustrie entscheidend voran, vor allem in der Lombardei und in bestimmten Gebieten Deutschlands, wo die Metallindustrie schon eine lange Tradition hatte. So zeigt sich ein bemerkenswerter wirtschaftlicher Aufschwung, sowohl im Raum, wo durch weite Rodungen neue Gebiete erobert werden können und wo in einer Verbindung aus See- und Landrouten eine von den Italienern und den Hanseaten beherrschte europäische *Weltwirtschaft** entsteht, wie auch im Anstieg der Erträge und der Verringerung der Reise- und Transportzeiten.

Dieser wirtschaftliche Aufschwung stützt sich auf ein doppeltes Netz aus lokalen Märkten und großen Messen, deren wichtigste vom 12. bis zum 14. Jahrhundert die der Champagne sind. Trotz der Fortschritte im Geldwesen (Kontrolle der Münzen durch Städte und Fürsten, Schaffung von Geldmengen, die den neuen Geschäftsverhandlungen angepaßt waren, Zunahme der Wechsler und Auftauchen von Bankiers zunächst in Italien, dann in Süddeutschland) ist die Vielzahl von Währungen und

* deutsch im Original (A. d. Ü.).

die Kompliziertheit der Tauschgeschäfte ein Hindernis, das zeigt, wie stark die europäische Einigung an die Vereinheitlichung der Währung gebunden ist.

Vier allgemeine Aspekte der mittelalterlichen Gesellschaft und Kultur haben Europa eine starke Prägung verliehen, die heute ein – überwiegend positives – Erbe darstellt.

1. Die agrarische Tradition ist der erste Aspekt, aber sie ist vielleicht etwas zweischneidig. Tatsächlich ist der Boden im Mittelalter die grundlegende Basis der Wirtschaft, der Macht und des Ansehens, und diese herausragende Bedeutung der Erde, des Besitzers von Grund und Boden und des Bauern bewahrt noch heute eine symbolische Macht, deren Stärke die landwirtschaftlichen Probleme der Gemeinschaft besonders heikel macht. Die andere Basis des europäischen Feudalsystems sind die Beziehungen der Menschen zueinander, und da vor allem das *Treueverhältnis*. Es bleibt – manchmal lähmend, häufiger aber als dynamischer Faktor – eines der wesentlichen Elemente europäischer Mentalität und europäischen Verhaltens überhaupt.

2. Nach der großen Christianisierungswelle des frühen Mittelalters erfolgt eine zweite Welle ab dem 10. Jahrhundert. Mit ihr treten der Christenheit oder Europa, denn beides stimmt nun überein, zwei neue Gruppen von Europäern bei: die Skandinavier und die Slawen. Mag das in harmonischen Akkulturationsvorgängen erfolgen oder in mehr oder weniger harten Kulturkonflikten wie zum Beispiel zwischen Engländern, Walisern und Iren oder Schotten, zwischen Deutschen und Slawen: be-

merkenswert ist die Eigenständigkeit und Bedeutung der peripheren europäischen Nationen. Im Europa des Mittelalters entstehen Zentrum-Peripherie-Beziehungen, deren gutes Funktionieren eine der Erfolgsbedingungen der europäischen Gemeinschaft ist.

3. Das Europa des Mittelalters behauptet sich als Vielfalt, etwa im staatlichen Bereich. Neben zentralisierten Staaten, unter denen England, Frankreich und Spanien die besten Beispiele sind, stellen die Stadtstaaten in Deutschland und vor allem in Italien andere Formen politischer, wirtschaftlicher und kultureller Gemeinschaften in Europa dar. Andere Gemeinwesen sind noch origineller, wie der Fall der Schweizer Konföderation, entstanden aus der Keimzelle dreier Kantone, die sich 1291 zu einem ewigen Bund zusammengeschlossen haben: Uri, Schwyz und Unterwalden. Die Schweizer spielen eine bedeutende Rolle in Europa: Sie liefern nicht nur ein seltenes politisches Modell freiwilligen Zusammenschlusses territorialer Gemeinschaften, sondern sie kontrollieren auch einen großen Teil der Alpenwege, die Süd- und Nordeuropa miteinander verbinden (daneben gibt es seit dem 14. Jahrhundert eine regelmäßige Seeroute zwischen Italien, England und Flandern). Sie bekräftigen die Bedeutung der Bergbevölkerung in Europa und liefern Söldner für die europäischen Staaten. Um ihre Rolle und ihre Macht beizubehalten, reicht es ihnen, im 20. Jahrhundert mächtige und diskrete Bankiers zu werden.

4. Das Europa des Mittelalters erfindet auch neue kulturelle Vorbilder, die sich vom Kriegshelden und dem Rhetor der Antike unterscheiden. Das erste ist Ausdruck der neuen Reli-

gion, des Christentums. Es ist das Modell des *Heiligen.* Auch als das Mittelalter später verschwindet und die religiösen Ideale verblassen, bleibt der Heilige für die Europäer gegenwärtig, gegenwärtig in Kunst und Literatur, gegenwärtig im Ideal menschlicher Vollkommenheit (später gibt es auch weltliche Heilige), gegenwärtig durch die Kalender der Namenstage und die große Zahl von Vornamen, die viele Europäer noch immer tragen. Ein anderes, diesmal weltliches Modell, ist das der *Höflichkeit*, des *höfischen Benehmens.* Der höfische Mann ist nicht allein ein Krieger, der Heldentaten vollbringt, er ist auch ein gut erzogener Mann, der sich den Frauen gegenüber galant verhält und um sich herum die verfeinerten Manieren des Hofes verbreitet. Das ist das erste Ideal einer Höflichkeit, die, verbunden mit der *Urbanität*, den in der Stadt geschaffenen guten Sitten, bis heute für die Europäer einen Kodex sozialer Werte und edlen Verhaltens bildet. Norbert Elias hat dargelegt, welch entscheidender Schritt das mittelalterliche höfische Verhalten im Prozeß der Zivilisation ist, die Europa auszeichnet. Neben dem Fernen Osten ist Europa der einzige Kontinent, der von der Kindererziehung an einen Kodex guter Sitten erarbeitet und weitgehend verbreitet hat. Das ist die *civilitas morum puerilium* (so der Titel eines Buches von Erasmus von Rotterdam, des meistgedruckten seiner Bücher im 16. Jahrhundert), aus der sowohl der *honnête homme* der französischen Klassik wie der *Gentleman* des 19. Jahrhunderts hervorgehen. Norbert Elias hat ebenfalls gezeigt, wie etwas, das man einfach nur als Objekt für eine Anekdote ansehen könnte, die Gabel, einen Wendepunkt zur Moderne in den europäischen Tischsitten darstellt. Die Gabel kommt im 11. Jahrhundert von Byzanz nach Venedig und versäumt zunächst ihre Aufnahme in die europäische Welt. Die europäische Christenheit ist noch ein Land der Gruppen, wo man gemeinsam aus den selben Schalen und den selben Näpfen ißt, wo man gemeinsam aus den selben Bechern trinkt. Die Gabel aber ist an die Individualisierung der Tischsitten gebunden, an die Heraufkunft des modernen Individuums im 16. Jahrhundert. Hier hat Europa ein kulturelles Eßwerkzeug geschaffen, ebenso wie der Ferne Osten das Eßstäbchen. Ganz Europa ist übrigens, da wir beim Speisen sind, eine wahre Welt des Brotes geworden, eine Welt, in der als Lebensmittel große Fleisch- oder Fischstücke verzehrt werden – im Gegensatz zum Reis und der Nahrung in kleinen Stücken der asiatischen Welt.

Das Mittelalter hat Europa nicht nur technisch ausgerüstet, es war auch die Zeit seiner geistigen und künstlerischen Entwicklung. Nach dem Untergang der Schulen der griechischen und römischen Antike hatten allein die Klosterschulen und an zweiter Stelle die Domschulen – und auch nur für künftige Kleriker – einen vorwiegend religiösen Unterricht geboten.

Nicht ganz frei von kirchlicher Kontrolle regt sich im 12. Jahrhundert in den Städten eine neue mitreißende schulische und geistige Bewegung. Die städtischen Schulen alphabetisieren die Gesellschaft durch alle sozialen Schichten hindurch. Die Blüte des Handels, die immer größere Rolle des Rechts und seiner Anwendung, die wachsende Bedeutung der Schrift gegenüber der Mündlichkeit führen zum Unterrichten der drei grundlegenden Kulturtechniken: Lesen, Schreiben, Rechnen.

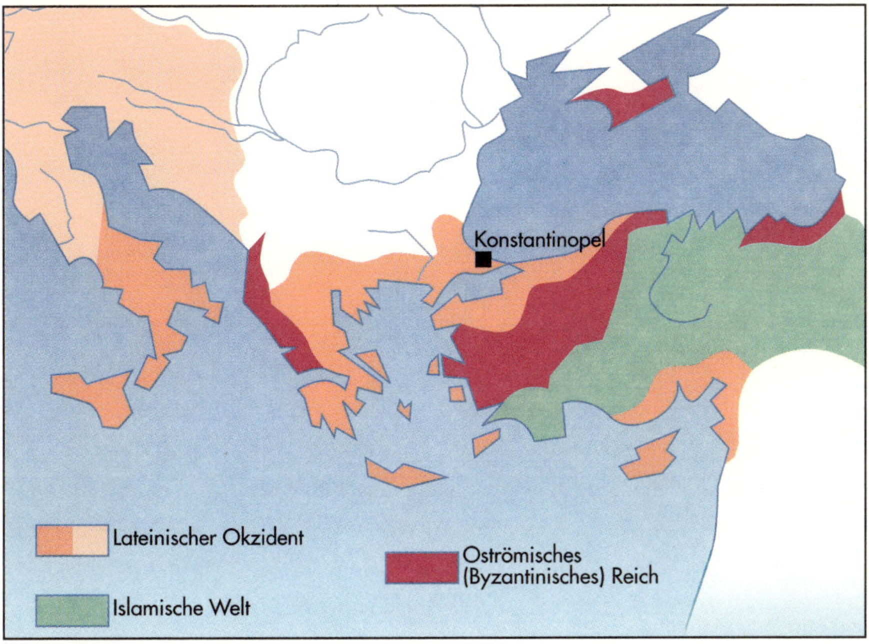

Die westliche Welt im Jahre 1261

Mehr noch, in dem Bereich, den wir heute Hochschulwesen nennen, tauchen am Ende des 12. und im 13. Jahrhundert in manchen Städten Institutionen eines neuen Typs auf, die sich aus Korporationen von Lehrern und Studenten zusammensetzen und die Statuten, Programme, Lehrbücher und Prüfungen haben. Es sind die Universitäten von Bologna, Paris, Oxford. Die neuen Zentren des Wissens, zugleich Zentren des sozialen Aufstiegs, der sich auf den Erfolg in der Ausbildung und nicht auf die Geburt gründet, verbreiten sich vom 13. Jahrhundert bis zum 15. Jahrhundert in ganz Europa. Es ist ein europäisches Netz, in dem trotz der Entwicklung eines gewissen Nationalgefühls internationale Mobilität herrscht. Seit dem 13. Jahrhundert entsteht in den Universitäten eine rationale wissenschaftliche Methode, die Scholastik.

Ebenso hat das christliche Europa sehr früh einen bestimmten Umgang mit den Bildern gewählt, der nicht nur eine starke Entwicklung der Kunst erlaubt, sondern aus ihr eine der großen Ausdrucksformen des Humanismus macht. In der griechischen Kunst war der Mensch das Maß aller Dinge, nun, in der mittelalterlichen Kunst, ist ein neuer Menschentypus, geschaffen nach dem Abbild Gottes, das Maß des christlichen Humanismus. Die entscheidende Wahl wurde an der Wende vom 8. zum 9. Jahrhundert getroffen, und Karl der Große war ihr Bürge. Es ist eine Haltung, die der jüdischen und islamischen Ablehnung, ein menschliches und ein göttliches Gesicht gleichzeitig darzustellen, entgegengesetzt ist, entgegengesetzt auch einer Strömung, die vor allem im Christentum von Byzanz, aber auch in bestimmten Kreisen des römischen Christentums besteht und sich darin niederschlägt, daß die Bilder verworfen und zerstört werden: der Ikonoklasmus. Im Gegensatz zu jener Haltung billigt das römische christliche Europa die Abbilder und fördert sie als Objekte der Unterrichtung und der Erbauung, solange sie nicht wie Götzen angebetet werden. Diese Kunst entwickelt sich in verschiedenen Stilen in ganz Europa, es ist die romanische und später die gotische Kunst. All diese materiellen, geistigen, künstlerischen Entwicklungen hätte es nicht gegeben, wenn sich nicht auch die Religion entwickelt hätte, wenn das Christentum sich nicht als eine Religion erwiesen hätte, die die Bewegung der Geschichte hinzunehmen und die Buchstaben dem Geist anzupassen wußte. Das Christentum hat es Europa ermöglicht, seinen Rhythmus der Veränderung in einem traditionellen Gleichgewicht zwischen dem Menschen und der Natur, der Vernunft und dem Glauben zu finden. Lange vor dem Protestantismus – wie dies Max Weber glaubte – hat das mittelalterliche Christentum die Arbeit aufgewertet, die bis dahin als eine Folge des Sündenfalls verachtet und als Zeichen von Knechtschaft angesehen worden war. Diese Aufwertung der Arbeit war zweifellos nicht ausreichend, denn die Handwerker, die ideell das System der handwerklichen Künste vereinte, ein System, das im 9. Jahrhundert entstanden und im 12. Jahrhundert weiterentwickelt worden war, hatten eine niedrigere Stellung als die freien und adligen Angehörigen der freien Künste. Aber in der Verehrung der den Heiligen zugeordneten Werkzeuge, im Ansehen der Handwerkszünfte, in der Überlegung, wie nützlich die Arbeiter für die gesamte Gesellschaft seien, und in der Vorstellung, daß der arbeitende Mensch ein Mitarbeiter sein könne bei der Schöpfung Gottes, des ersten großen Arbeiters, zeichnet sich eine wirklich moderne Auffassung der Arbeit ab.

Genauer gesagt beseitigt das mittelalterliche Christentum zum großen Teil die Barrieren, die die Entwicklung jener modernen Wirtschaft blockierten, die später Kapitalismus heißen sollte. Die christliche Kirche ließ bestimmte Profite und die Erhöhung eines gemäßigten Zinssatzes zu, unter ihrer Verantwortung entstand der Begriff des wirtschaftlichen Risikos, sie verdammte bestimmte Handelspraktiken nicht mehr als Wucher, sie eröffnete dem Wucherer, der bis dahin unweigerlich eine Beute der Hölle war, die Hoffnung auf das Fegefeuer, sie verzichtete darauf, das Geld als eine Sache des Teufels anzusehen: mit all diesen Entscheidungen hat sie – mitunter auf allzu großzügige Weise – dazu beigetragen, daß die Tabus verschwanden, die die wirtschaftliche und vor allem die geldwirtschaftliche Entwicklung sowie die Entwicklung einer Weltwirtschaft beeinträchtigten.

Aber das mittelalterliche Europa hat auch die Probleme, die Widersprüche, die Abwege, die Irrtümer und Verbrechen gewisser Praktiken und Neigungen des europäischen Geistes gezeigt.

Ab dem 12. Jahrhundert wollte die Kirche das Gerichtswesen reformieren, indem sie das alte, ›barbarische‹ System der von der Familie, dem Geschlecht, den Verwandten oder Freunden gegen den Verbrecher angestrengten Anklage durch eine durch Richter angeordnete Untersuchungsprozedur ersetzte. Sie hat ab dem 13. Jahrhundert das Inquisitionsverfahren eingeführt, mit dem bestimmte Richter betraut wurden, um ein *Geständnis* der Angeklagten zu erwirken. Diese Ermittlung eines Geständnisses, verbunden mit der Entscheidung des IV. Lateranischen Konzils 1215, allen Gläubigen mindestens einmal im Jahr eine anonyme Beichte vor einem Priester abzuverlangen, stand am Anfang einer großen Bewegung der europäischen Psychologie, die über Gewissensprüfung und Selbstkritik bis zu Freud führen sollte. Aber um Geständnisse herbeizuführen, wendet die Kirche ab dem 13. Jahrhundert auch die Folter an. Die Legalisierung dieser Praxis, die bis heute Europa heimsucht und sich auf alle Kontinente ausgedehnt hat, ist eine der großen Sünden Europas.

Die Kirche hatte zum Mittel der Inquisition gegriffen, weil sie bedroht war. Als eine totalitäre Organisation im Dienste einer totalitären Religion konnte die mittelalterliche Kirche die Äußerung und Praktizierung solcher Vorstellungen, die von der christlichen Orthodoxie abwichen, nicht ertragen. Nun wurde die Kritik an einer Situation, in der die offizielle Religion und das Feudalsystem aufs engste miteinander verzahnt waren, in dem Maße stärker und heftiger, in dem der wirtschaftliche, geistige und soziale Aufschwung zunahm. Lange Zeit hatte dieser Protest religiösen Charakter. Es sind die Häresien, von denen es ab dem Jahre 1000 wimmelt. Unter ihnen finden sich im 12. und 13. Jahrhundert die *Katharer*, verbreitet vor allem in Norditalien und im Süden Frankreichs, aber auch in Flandern und am Niederrhein, die das Christentum in seinen Grundlagen herausfordern. In Wirklichkeit verkünden sie eine andere Religion, die dem Manichäismus und der orientalischen Religion Zarathustras ähnelt und von ihnen beeinflußt wurde, eine Religion, die auf absolute Weise das Prinzip des Guten dem Prinzip des Bösen gegenüberstellt, das an das Fleisch, an alles Materielle gebunden ist. Man trifft hier auf einen der fundamentalen Widersprüche Europas angesichts protestierender Gruppen, deren Erfolg sicherlich zu Gesellschaften theokratischen und statischen Typs geführt hätte. Die christliche Kirche hat es nicht verstanden, die Gefahr anders zu bekämpfen als durch den Rückgriff auf Mittel, die moralisch untragbar waren und Werte zerstörten, die zu verteidigen sie vorgab. Das moderne Europa hat vergleichbaren Herausforderungen zu begegnen, durch die sichtbar wird, um wieviel problematischer es ist, allein die Moderne zu untersuchen, anstatt die *longue durée* zu betrachten.

Das Mittelalter hat Europa noch auf andere Abwege geführt. Um die Mängel des Feudalsystems und die Ungleichheiten zu begrenzen, auf denen es beruhte, hat es den modernen Staat begründet, der gerechter war, aber sehr schnell zu einem Götzen geworden ist. Er hat den alten religiösen und feudalen Mächten das Sakrale entzogen und es an sich gerissen, um einen neuen Leviathan zu schaffen, die *Staatsraison.* Das heutige Europa ist davon noch nicht geheilt.

Schließlich hat Europa – gefangen zwischen zwei gegensätzlichen Bewegungen: einerseits der Verteidigung und Rückwendung zu sich selbst angesichts der Gefahren innerer und äußerer Opposition, angesichts auch der Risiken seiner wirtschaftlichen und intellektuellen Öffnung, und andererseits der Versuchung, die neuerworbene Macht zu nutzen und zu mißbrauchen – zwischen zwei Wahlmöglichkeiten gezögert, zwischen denen es sich bis heute trotz der Verschiedenheit der Situation noch nicht wirklich entschieden hat.

Die erste Bewegung ist die des sich Verschließens, des Ausschließens der anderen, der Unterdrückung und der inneren ›Reinigung‹. Neben dem Kampf gegen die Häretiker gehören in diesen Zusammenhang die anwachsenden Verfolgungen der Juden und die Entwicklung der spezifischen antisemitischen Ausdrucksformen, das Ende der Toleranz gegenüber den Homosexuellen und der Sieg der Angst über das Mitleid mit den Aussätzigen. Sobald die Zahl der Häretiker abnimmt, wendet sich die Jagd den Hexenmeistern und vor allem den Hexen zu. Norman Cohn hat das die inneren Dämonen Europas genannt.

Die andere Bewegung ist die der Expansion. Diese Expansion vollzieht sich auf unterschiedliche Weise. Eine ist friedlich, auch wenn es zu wirtschaftlichen Formen der Herrschaft kommt. Das ist der Fall beim Handelsaufschwung der Christen des lateinischen Westens außerhalb der Grenzen Europas, vor allem im Mittelmeerraum, bei der Expansion Genuas und Venedigs, die zum Schutz des Handels regelrechte Überseeimperien bilden. Es gibt aber auch die militärische und aggressive Expansion. Das ist der Fall bei den Kreuzzügen. Dieser Typus der Expansion bleibt ambivalent, denn er tritt als eine Wiedereroberung auf, Wiedereroberung der heiligen Stätten, Wiedereroberung Siziliens, Wiedereroberung Spaniens. Am Ende stimmen die Grenzen der Christenheit genauer mit denen Europas überein. Wenn die Unabhängigkeit des christlichen Europa auch erst 1492 mit der Wiedereroberung des Königreichs von Granada vollständig ist, so verzichtet es doch faktisch seit dem Ende des 13. Jahrhunderts auf jenes Übersee-Europa, das die Kreuzzüge im 12. und 13. Jahrhundert angedeutet haben – mag es seine Forderungen und Kreuzzugspläne auch beibehalten, die mehr

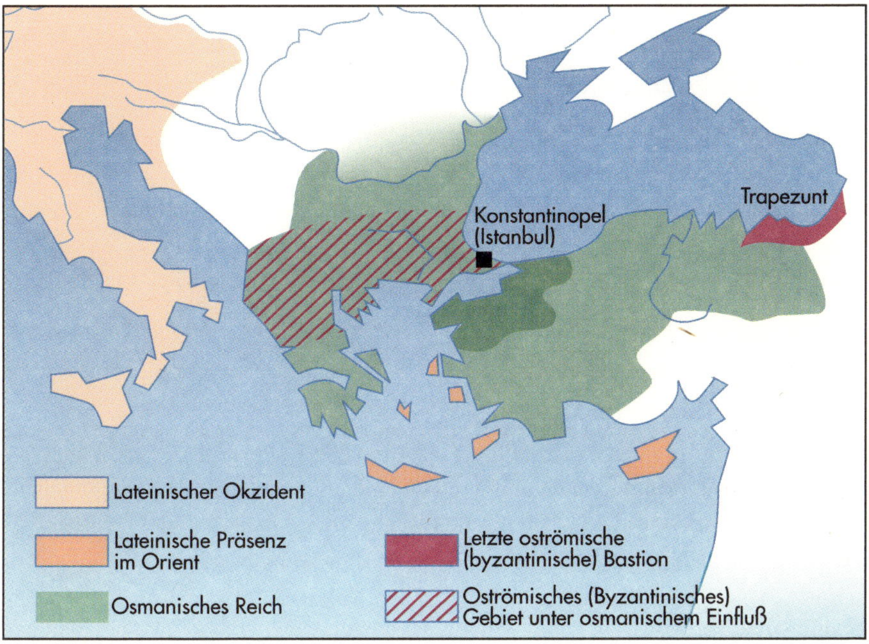

Die westliche Welt im Jahre 1453

und mehr utopischen Charakter annehmen. Ein dritter Aspekt der Expansion ist noch zweifelhafter und der Ursprung vieler späterer Konflikte. Es ist die Expansion nach Osten in Richtung jener unbestimmten, offenen Grenze, jener Wunde an Europas Flanke. Hier ist die Expansion nur phasenweise kriegerisch. Es ist eine vordergründig friedliche Expansion, die aus Missionierung besteht, aus der Niederlassung von Siedlern, die Osteuropa durch Rodung und Städtebau in die europäische *Weltwirtschaft** integrieren. Aber die Expansion im Osten wird im wesentlichen von einer ethnischen Gruppe betrieben, den Deutschen, und stößt sich im wesentlichen an einer anderen ethnischen Gruppe, den Slawen. So entsteht für Jahrhunderte eine neue Quelle von Konflikten, es entsteht der Konflikt zwischen Germanen und Slawen, der für Europa umso schädlicher ist, als es ein Konflikt zwischen Christen ist, ein Konflikt zwischen Europäern.

Ich habe den Akzent auf die alte Zeit Europas gelegt, besonders des mittelalterlichen Europa, weil ich glaube, daß so die Gegebenheiten einer *longue durée* klarer werden, die im guten wie im schlechten das Erbe des heutigen Europa darstellen. Diese Untersuchung der weit entfernten Vergangenheit Europas erlaubt auch, besser zu definieren, was man unter Neuzeit und Moderne verstehen muß.

Traditionellerweise läßt man die Neuzeit mit dem 16. Jahrhundert beginnen, und tatsächlich gibt es mindestens zwei

* deutsch im Original (A. d. Ü.).

große Phänomene, die einen neuen Zeitabschnitt der Geschichte Europas anzeigen, eine so wichtige Veränderung, daß sie die Diagnose ›Moderne‹ rechtfertigen kann. Das erste sind die großen Entdeckungen. Sie verändern die Stellung Europas in der Welt von Grund auf. Auch wenn sich diese geographische und mentale Tatsache nur langsam durchsetzt, die Welt besteht nun aus vier statt aus drei Kontinenten. Deshalb ist es Amerigo Vespucci, der Amerika seinen Namen gibt – denn erst er hat es als einen neuen Kontinent erkannt. In dieser nun aus vier Kontinenten vereinten Welt expandiert einer von ihnen wirtschaftlich, militärisch, demographisch und kulturell. Dieser Eroberer ist Europa. Auch wenn es weiterhin seine inneren Dämonen pflegt, so besteht für Europa ›Moderne‹ doch zunächst nur im Rest der Welt und in seiner eigenen Präsenz dort.

Das zweite große Phänomen ist die Reformation. Sie bedeutet das Ende der religiösen Einheit, die das ganze Leben der Europäer durchdrang und seinen Rahmen bildete. Von nun an gibt es ein protestantisches und ein katholisches Europa, und es ist nicht mehr nur ein geteiltes Europa, sondern ein Europa, dessen beide Teile – sei es in der Form Staat gegen Staat, sei es innerhalb der Staaten – in einen erbitterten Streit geraten. Aber ist dies ein Zeichen der Moderne? Nachdem lange Zeit die Modernität Luthers und Calvins hervorgehoben worden ist, können wir heute die traditionellen Züge mancher ihrer Anschauungen auf religiösem, sozialem oder politischem Gebiet besser erkennen. Außerdem hat man die trotz eines gewissen zeitlichen Abstandes unverkennbaren Parallelen und Ähnlichkeiten zwischen zwei Reformationen hervorgehoben, der protestantischen und der katholischen, die früher Gegenreformation genannt wurde, obwohl doch die Gegnerschaft zum Protestantismus nicht das einzige, vielleicht noch nicht einmal das wichtigste ihrer Ziele war. Schließlich sehen wir mit der Zeit, nach den Schrecken der Massaker, der Verfolgungen, der Vertreibungen, der Bürgerkriege, heute besser, in welchem Maße in ganz Europa hinter der katholischen wie der protestantischen Variante ein gleiches Gerüst christlicher Werte bewußt oder unbewußt erhalten geblieben ist.

Kann man im übrigen die ganze Vorstellung von der Modernität des 16. Jahrhunderts nicht überhaupt in Frage stellen? Wir haben vorhin gesehen, daß das Mittelalter im 9., 12. und 15. Jahrhundert von Aufschwungphasen und ›Renaissancen‹ durchzogen wurde, die hinter der vordergründigen Bezugnahme auf eine heidnische oder christliche Antike Ausbrüche von Modernität waren.

Nach Ansicht der Geschichtsschreibung und der von ihr geprägten allgemeinen Meinung war die Renaissance vor allem durch eine intellektuelle und künstlerische Revolution bestimmt. Ist diese Revolution so unzweifelhaft? Das Denken des 16. Jahrhunderts bleibt häufig zutiefst mittelalterlich. Lucien Febvre hat es am Beispiel Rabelais' gezeigt. In der Kunst entstehen die ersten Meisterwerke der Renaissance spätestens ab dem 13. Jahrhundert. Legen wir nicht zu Recht in einem der Bereiche, in dem Modernität sich am deutlichsten zu bestätigen scheint, dem der Buchproduktion mit der Erfindung und Verbreitung des Buchdrucks, seit geraumer Zeit den Schwerpunkt auf die neuen Produktionsverhältnisse der handschriftlichen Bücher seit dem 13. Jahrhundert, vor allem im Umkreis und für die Erfordernisse der Universitäten? Stellt nicht das individuelle leise Lesen, das sich spätestens vom 13. Jahrhundert an verbreitet, im Verhältnis des Europäers zum Buch einen wichtigeren Wendepunkt dar als das gedruckte Buch? Bis in die Mitte des 16. Jahrhunderts hinein sind Philosophie und Naturwissenschaft nicht modern, sondern bleiben traditionell. Kopernikus gewinnt erst durch Galilei am Anfang des 17. Jahrhunderts einen revolutionären Einfluß. Müssen wir nicht bis zum großen wissenschaftlichen Aufschwung des 17. Jahrhunderts warten, von Galilei bis Leibniz und Newton, um wirklich von moderner Wissenschaft sprechen zu können? Kann man vor dem 18. Jahrhundert ›modern‹ überhaupt in einer anderen als in einer rein chronologischen Bedeutung gebrauchen?

Betrachten wir zunächst die Definition der Modernität des 16. Jahrhunderts, die Henri Hauser gegeben hat, der große Historiker, der sie am besten definierte. Er bestimmt sie durch fünf ›Revolutionen‹: eine geistige, eine religiöse und eine sittliche Revolution, eine ›neue‹ Politik und eine ›neue‹ Wirtschaft. Aus einer sehr differenzierten Untersuchung der geistigen Landschaft des 16. Jahrhunderts zieht Hauser den Schluß, daß ›mit dem 16. Jahrhundert das Wort Wissenschaft seine Bedeutung ändert, es bezeichnet nicht mehr eine Tradition, ein Erbe, das man weitergibt, sondern bezeichnet nun das Erkennen des Bestehenden, eine Erkenntnis, die man gewinnt, indem man die Dinge beobachtet.‹ Aber schon im 12. Jahrhundert betrachteten etwa der heilige Anselmus oder Abälard das Wissen nicht mehr als ein Erbe, sondern als eine Tätigkeit des Geistes; und wenn diese Betrachtungsweise tatsächlich im 16. Jahrhundert ausgeprägter und wirklichkeitsnäher wird, so schärften doch ein

Robert Grosseteste, ein Roger Bacon und alle, die im 13. Jahrhundert in der Theorie wie in der Praxis die Perspektive einführten, darum nicht weniger den Blick, mit dem sie die Natur betrachteten.

Für den Bereich der Religion gibt Hauser selbst zu, daß sich der Individualismus der Renaissance bereits im florentinischen Humanismus des 14. und 15. Jahrhunderts findet. ›Es ist ein Protest gegen das Asketische, eine Verherrlichung des irdischen Lebens, das es wert ist, um seiner selbst willen gelebt zu werden, mit seinen Leiden und seinen Freuden, es ist bereits die Goethesche Philosophie der ›Braut von Korinth‹.‹ Er zeigt auch, daß in dem, was man nicht ohne Übertreibung die ›Entchristianisierung des europäischen Denkens‹ genannt hat, der paduanische Averroismus nicht erst im 16. Jahrhundert seinen kritischen Geist ausübte. Schließlich schreibt Henri Hauser, daß er Abel Lefranc nicht so weit folgen könne, Rabelais als Atheisten anzusehen. Die neueste Forschung hat bereits im 13. Jahrhundert – und zwar kaum kaschiert – das gefunden, was Hauser als ein ›extrem freies Christentum‹ bezeichnet, ›das außer dem Namen kaum noch etwas Christliches hat‹. Unter die Bezeichnung ›sittliche Revolution‹ fallen bei Henri Hauser im wesentlichen zwei Ideen, die er ›völlig neu‹ findet. Die erste ist ›die Einheit des menschlichen Stammes‹. Aber welches Zeitalter glaubte stärker an eine einzige menschliche Abstammung, die von den Söhnen Adams und Noahs, als das Mittelalter? Die zweite ist die des Fortschritts. Das Wort und die Vorstellung, die man bereits bei Abälard im 12. Jahrhundert nachweisen kann, trifft man erst an der Wende vom 17. zum 18. Jahrhundert wirklich an.

Die ›neue‹ Politik ist nach Henri Hauser durch vier Merkmale gekennzeichnet. Das erste ist die Bildung moderner Staaten und das Auftauchen des Begriffs der Nationalität – allerdings erkennen alle Historiker heute an, daß der entscheidende Beginn dieser Phänomene zwischen dem 13. und dem 15. Jahrhundert liegt und man erst seit der Französischen Revolution wirklich vom Begriff der Nationalität sprechen kann. Das zweite charakteristische Merkmal sei ›die Entwicklung der Idee der Demokratie‹, die an die Reformation gebunden sei. Doch könnte man diese Entwicklung auch in den Wahlen und Entscheidungen innerhalb der Klöster angelegt sehen oder vor allem bei den Bettelorden im Hochmittelalter. Der Begriff ›demokratisch‹ ist, wie der des ›Glücks‹, erst im Europa des 18. Jahrhunderts eine neue Vorstellung. Das nächste Merkmal ist die ›Säkularisierung der Politik‹. Zahlreiche Historiker haben das Phänomen der Verweltlichung der Politik in das 13. und 14. Jahrhundert, im besonderen in das Frankreich Philipp des Schönen verlegt, auch wenn sie bei der Bezeichnung ein wenig zu weit gegangen sind (ich spreche lieber von einer Übertragung des Sakralen auf den Staat). Auch hier setzt sich der allmähliche Prozeß der Autonomisierung der Politik gegenüber der Religion bis lange nach dem 16. Jahrhundert fort, und wenn Machiavelli auch ein großer politischer Denker bleibt, so ist es doch ein Irrtum der Perspektive einer bestimmten Geschichtsschreibung, aus seinem Werk ein Zeugnis für diese Autonomisierung zu machen. Schließlich sieht Henri Hauser ein Zeichen politischer Modernität in dem, was er ›die Umwandlung der internationalen Beziehungen‹ nennt, die charakterisiert sei durch die ›ganz moderne‹ Idee, ein ›präzises Feindbild zu entwerfen‹. Nun hat die christliche Kirche in dem Bemühen, den

Europa nach dem Wiener Kongreß (1814–1815)

›gerechten Krieg‹ zu definieren, selbstverständlich schon im Mittelalter der Beschreibung des Feindes eine große Bedeutung zukommen lassen. Und wenn es im internationalen Recht wirklich einen entscheidenden Moment gibt, dann den, als die Verträge anläßlich des Kampfes der Polen gegen den Deutschen Orden am Anfang des 15. Jahrhunderts verfaßt wurden, in denen mit großer Kraft und großer Klarheit die Begriffe der Unabhängigkeit der Staaten und des zwischenstaatlichen Nicht-Angriffs auftauchen.

Was die ›neue‹ Wirtschaft angeht, so führt Hauser zu ihrer Kennzeichnung nur das Erscheinen ›unvermittelter Krisen‹ an; das italienische Bankwesen aber und in dessen Sog die Gesamtheit dessen, was man zu dieser Zeit Weltwirtschaft nennen konnte, hat am Ende des 13. Jahrhunderts und in den vierziger Jahren des 14. Jahrhunderts in Siena und Florenz bereits ähnlich unvermittelte Krisen gleichen Ausmaßes erlebt. Und zum Thema Krise muß vielleicht angemerkt werden, daß sich das gesamte christliche Europa im 14. und 15. Jahrhundert in der Krise befand. Und zwar in einer allgemeinen Krise, die es schließlich überwindet, da es sich um eine Reifungskrise handelt. Unter diesem Gesichtspunkt kann man die Krise, die Europa durchlebt und aus der es gestärkt hervorgeht, mit denen vergleichen, die zur gleichen Zeit die muslimische und die chinesische Welt befallen, die aber den Anfang eines langsamen Niedergangs darstellen, von dem sich jene Welten bis heute nicht erholt haben. Ist der relativ schnelle Wechsel von Krise und Erneuerung ein spezifisches Kennzeichen Europas, das zu der sich immer wieder erneuernden Moderne führt?

Ich zeige die Schwierigkeit der Verwendung des Ausdrucks ›modern‹ nur, um zu großer Vorsicht bei seinem Gebrauch aufzurufen. Diese Vorsicht ist auch nötig, wenn man die Geschichte der Begriffe ›modern‹ und ›Modernität‹ erforscht. Das Wort ›modern‹ entsteht, als das Römische Reich im 5. Jahrhundert zusammenbricht. Es ist somit an den Gegensatz ›antik-modern‹ gebunden, und im Mittelalter hat es im allgemeinen die Bedeutung von ›gerade vergangen‹ und ›derzeitig‹. Trotzdem ist häufig auch unterschwellig, vor allem im Geistesleben, eine Wertvorstellung damit verbunden. Im 9. Jahrhundert nennen Gelehrte die Zeit Karls des Großen das ›Jahrhundert der Modernen‹. Ein Engländer, Gauthier Map, sieht am Ende des 12. Jahrhunderts in diesem Jahrhundert das Ergebnis eines säkularen Fortschritts: ›Ich bezeichne unsere Zeit als diese Moderne, das heißt die Zeitspanne von 100 Jahren, deren letzter Teil noch andauert, deren jüngste und offenkundige Erinnerung alles enthält, was bemerkenswert ist (...) die vergangenen 100 Jahre sind unsere Moderne.‹ Die Gelehrten und Künstler des 13. und 14. Jahrhunderts zeigen sich Schlag auf Schlag als ›Moderne‹ im Verhältnis zu ihren Vorgängern, die schnell in die Alten verwandelt werden. In der Mitte des 13. Jahrhunderts zeigen sich die vom Aristotelismus geprägten Lehrmeister als die Modernen im Verhältnis zu den Lehrern drei Generationen vor ihnen. Im 14. Jahrhundert wiederum definieren sich Lehrer wie Ockham, Buridan, Bradwardine, Gregor von Rimini, Marsilius von Padua, Wyclif als ›moderne‹ Logiker, ›moderne‹ Theologen oder in bezug auf die aristotelischen Meister des 13. Jahrhunderts einfach als ›Moderne‹. Im 16. Jahrhundert sieht Vasari in Giotto – an der Wende vom 13. zum 14. Jahrhundert – den ersten modernen Künstler. In

Wirklichkeit zeigt sich der Gegensatz zwischen ›Alten‹ und ›Modernen‹ erst voll ausgeprägt am Ende des 17. und am Anfang des 18. Jahrhunderts in Frankreich mit dem Streit der ›Alten‹ und der ›Modernen‹, der *Querelle des Anciens et des Modernes,* die vor allem die Schriftsteller, an zweiter Stelle die Philosophen bewegt. Dieser Streit setzt die inzwischen bewußte und explizite Idee des Fortschritts voraus. Aber der Begriff *die Moderne* erscheint erst in der Mitte des 19. Jahrhunderts, eingeführt von Baudelaire in seinem Artikel *Le peintre de la vie moderne* (*Der Maler des modernen Lebens*), der zum größten Teil 1860 geschrieben wurde und 1863 erschien. Die von Baudelaire definierte Moderne ist wesentlich eine ästhetische, ein ästhetisches Genießen der Gegenwart. Erst in der zweiten Hälfte des 20. Jahrhunderts wurde die Idee der Moderne Gegenstand gründlicherer Analysen, vor allem durch den Philosophen Henri Lefebvre in seiner *Introduction à la modernité* (1962) und durch Jean Baudrillard, der seinen Begriff von der Moderne in dem Artikel *Modernité* in der *Enciclopaedia Universalis* 1968 zusammengefaßt hat. Jean Baudrillard hat sehr richtig bemerkt, daß die europäische Moderne ein langsamer Prozeß ist, dessen Anfang auch er in das 16. Jahrhundert legt – aber ich sehe diese Bewegung in Ansätzen bereits im 12./13. Jahrhundert, eine Bewegung, die erst im 19. Jahrhundert voll entwickelt ist: ›Die Moderne‹, schreibt er, ›ist nicht nur das Vorhandensein technischer, wissenschaftlicher und politischer Umwälzungen seit dem 16. Jahrhundert, sondern auch das Zusammenspiel der Zeichen, der Sitten und Kulturen, das diese Änderungen der Strukturen auf die Ebene des Rituellen und des sozialen Habitus überträgt.‹

Das 17. und das 18. Jahrhundert hätten dann die Entwicklung des modernen individuellen und rationalistischen Denkens erlebt, die Säkularisierung der Künste und Wissenschaften mit der *Encyclopédie* – und der ›romanticisme‹, das heißt, die Romantik, so wie sie Stendhal 1823 in *Racine et Shakespeare* definiert, wäre von radikaler Modernität gewesen. Auf sozialer und politischer Ebene ist das große Ereignis die Revolution von 1789, die den modernen bürgerlichen Staat in Europa schafft. Die Idee der Moderne auf politischer Ebene berührt Karl Marx, der in seiner *Kritik der Hegelschen Rechtsphilosophie* (1843) schreibt: ›Die Abstraktion des *Staats als solchen* gehört erst der modernen Zeit, weil die Abstraktion des Privatlebens erst der modernen Zeit gehört. (...) Im Mittelalter ist Volksleben und Staatsleben identisch. Der Mensch ist das wirkliche Prinzip des Staats (...). Der abstrakte reflektierte Gegensatz gehört erst der modernen Welt. Das Mittelalter ist der *wirkliche*, die moderne Zeit ist *abstrakter* Dualismus.‹

Betrachten wir kurz, wie Europa während der Jahrhunderte, denen man die Bezeichnung Neuzeit gegeben hat, gealtert ist, bevor wir das alte Europa im Angesicht der heutigen Welt, der gegenwärtigen Form der modernen Welt anschauen. Wenn auch der Humanismus der Renaissance nicht derart von seinen mittelalterlichen Wurzeln abgeschnitten ist, wie man behauptet hat, so liefert er Europa doch neue Realitäten. Die emblematische Figur des Erasmus, des kritischen europäischen Humanisten von 1500, ist heute wieder zum Symbol für das Europa des Denkens geworden, was uns vielleicht bereits ahnen läßt, daß das Europa von gestern den Erfordernissen der Gegenwart gar nicht so unangepaßt ist. Der Buchdruck, der jahrzehntelang vor allem religiöse Werke des Mittelalters verbreitet, hilft schließlich bei dem entscheidenden Durchbruch der Volkssprachen, die nach und nach das Latein ersetzen. Ein Europa der Verlage zeichnet sich ab. Venedig, Lyon, Basel, Nürnberg, Antwerpen und, im 17./18. Jahrhundert, die Vereinigten Niederlande drucken für ganz Europa und das, dank der Kolporteure, nicht nur für die kulturelle Elite.

Wenn auch Kriege die eigentlich geeinte mittelalterliche Christenheit entzweit haben, ist es doch die Neuzeit, die das Ausbrechen von zwischen Europäern geführten Kriegen erlebt, zunächst zwischen den Staaten des *Ancien Regime*, dann zwischen den Nationalstaaten. Sie entzweien, ruinieren, meucheln Europa in einer Art infernalischem Crescendo, von den Italienkriegen der Renaissance bis zum Dreißigjährigen Krieg, bis zu den Revolutionskriegen und den napoleonischen Kriegen und schließlich bis zu den zwei großen Kriegen des 20. Jahrhunderts, von denen der erste vor allem ein europäischer Krieg und der zweite vor allem in Europa mörderisch war. Europa muß heute ein Europa des Friedens sein, und das Paar Frankreich–Deutschland wie zur Zeit der Karolinger ein Paar enger Freunde.

Dennoch wurde die kulturelle Einheit Europas immer umfassender: Barock und Aufklärung sind europäische Bewegungen. Der aufgeklärte Absolutismus (die Bezeichnung einer autoritären Herrschaftsform, die jedoch die Fortschritte der Vernunft durchsetzen will) taucht im Europa des 18. Jahrhunderts als eine magische politische Formel auf, die sich von Lissabon bis Sankt Petersburg von den Philosophen inspirieren zu lassen scheint. Die literarische Mode, die sich rasch für ein Land und eine Sprache begeistert, verbreitet deren Produktion in ganz Europa. Italien, Spanien, Frankreich, England stehen dabei vor der Französischen Revolution an der Spitze. Im 19. Jahrhundert sind die deutsche Literatur und der russische Roman die Lektüre ganz Europas.

Die Französische Revolution war mit der Erklärung der Menschenrechte, der Abschaffung des Feudalwesens und dem republikanischen Geist eine außergewöhnliche Erweckerin Europas, aber sie verkennt die Macht der Religion, entgleist in den Krieg und in einen Nationalismus von bis dahin unbekannter Heftigkeit und zeigt das furchtbare Bild der *Terreur*. Wenn Napoleon in einem Europa der archaischen monarchischen Herrschaftsformen auch einige der Segnungen der Revolution verbreitet, so gibt er doch vor allem ein Beispiel dafür, was Europa nicht sein darf: ein Europa der Eroberung und der Herrschaft eines Staates und eines Mannes.

Das 19. Jahrhundert, das mit einer neuen, wiederum europäischen kulturellen Strömung, der Romantik, beginnt, erlebt die industrielle Revolution, ein weiteres Element der Modernität. Europa gibt der Welt das Beispiel seiner Erfolge und seiner Fehler. Fast überall, auf politischer wie sozialer Ebene, beleben Bestrebungen nach mehr sozialer Gerechtigkeit mehr oder weniger stark Gruppen und Parteien und führen zu Aufständen. Der Sozialismus – jedenfalls der europäische, denn Amerika ist noch nichts anderes als ein Anhang Europas – ist auf dem Vormarsch, im guten wie im schlechten. Im Westen Europas festigt sich die Demokratie vor allem in der bürgerlich-parlamentarischen Form.

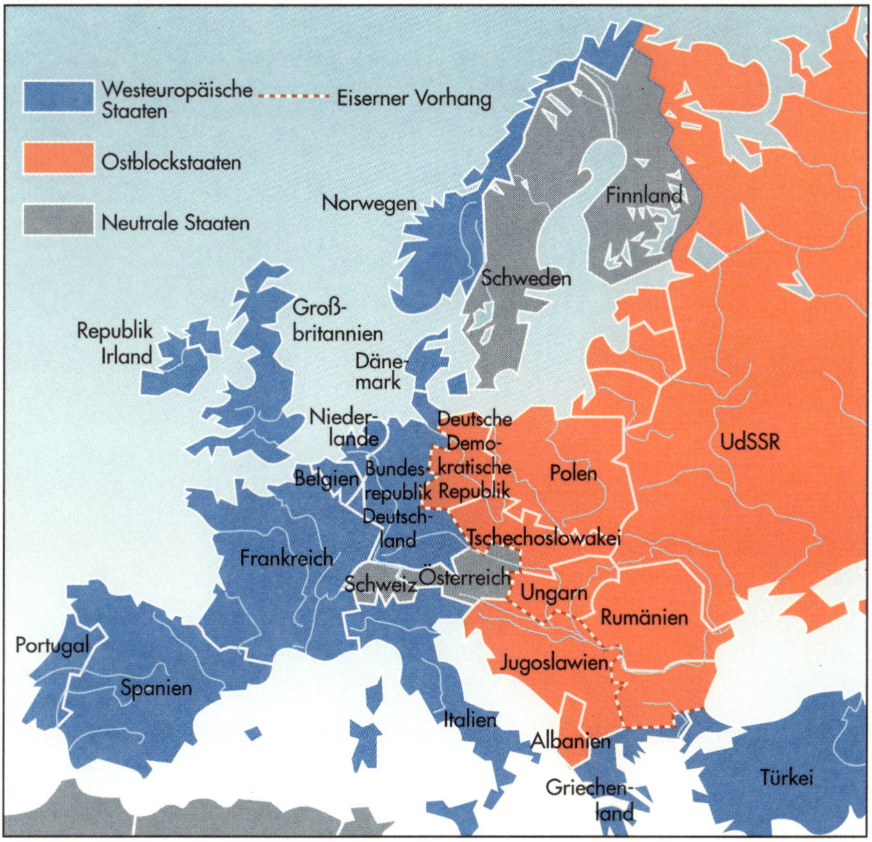

Europa nach Jalta (1945)

Ein Irrweg wird nun rascher beschritten: jener, der Europa von der Expansion zum Kolonialismus führt. Europa wird, obwohl es weiterhin zivilisatorisch ist, auch zu einem Henkerkontinent, Henker Afrikas, Südostasiens und des Vorderen Orients. Einen anderen Irrweg wird man erst später bemerken: den der Wissenschaft in Richtung Szientismus, der den Rassismus radikalisieren wird und versucht, einen ›wissenschaftlichen Sozialismus‹ zu legitimieren sowie die Moral aus der Wissenschaft zu eliminieren. Vor allem ist das 19. Jahrhundert das Jahrhundert, in dem der Nationalismus ausbricht, der sich ebenfalls zwischen einem Fortschritt und seiner Perversion entwikkelt: der legitimen Anerkennung des Rechts der Völker auf Selbstbestimmung und den Auswüchsen des nationalistischen Wahns.

Heute scheint die Modernität kaum noch in Mode zu sein, man spricht sogar von Postmoderne. Dieser Begriff, der geschaffen wurde, um die Reaktion auf die Formen der ehemaligen Avantgarde in der Architektur zu bezeichnen, ist auf alle wirtschaftlichen, politischen und vor allem kulturellen Bereiche des Westens und da im besonderen Europas ausgedehnt worden. Nachdem er in Europa entstanden ist, hat er sich in Amerika durchgesetzt, von wo er mit Macht wieder nach Europa zurückkommt. Ich sehe in ihm keinerlei Vorteil, um die Geschichte unserer Zeit besser in den Griff zu bekommen. Wie Jean Baudrillard gezeigt hat, war bereits die Moderne ein unklarer Begriff. Die Postmoderne ist es umso mehr, als Europa, wie wir gesehen haben, zahlreiche Modernen erlebt hat – und die, von der sich die Postmoderne abgrenzen soll, ist weder die zusammenhängendste noch die klarste.

Die moderne Welt ist die Welt von heute und von morgen. Diese Welt muß mit den Strukturen, den Traditionen und der Kultur Europas konfrontiert werden, die in mindestens zweieinhalb Jahrtausenden entstanden sind.

Eine erste Herausforderung ist die der neuen Nationalismen. Das Phänomen reicht ins Mittelalter zurück und hat sich im 19. Jahrhundert gesteigert. Nachdem die nationalistischen Tendenzen der Völker vor allem durch die drei autoritären Reiche Preußen, Rußland und Österreich-Ungarn abgeblockt und unterdrückt worden waren, hat es kurz nach dem Ersten Weltkrieg die Niederlage dieser Reiche mehreren Nationen ermöglicht, plötzlich zu entstehen oder wiederzuerstehen. Das war der Fall bei Polen, der Tschechoslowakei, Ungarn, Rumänien, Albanien und den baltischen Staaten. Auf dem Balkan versuchte man die Schaffung eines multinationalen Staates, Jugoslawien. Aber vor und nach dem Zweiten Weltkrieg haben die neue russische Herrschaft, Sowjetsystem und Stalinismus, und die Herrschaft Hitlers die wiedererstandenen Nationen erneut gepeinigt. Der Untergang des nationalsozialistischen Deutschland hat die Nationen, die unter das sowjetische Joch fielen, nicht gerettet. Erst seit 1989 hat der Zusammenbruch der Sowjetunion den Ländern Mittel- und Osteuropas die Unabhängigkeit gebracht oder anderen Nationalismen ermöglicht, sich zu Wort zu melden, zum Beispiel in der Slowakei und in Moldawien. Im ehemaligen Jugoslawien aber hat die Herrschaft einer Nation, Serbiens, über die anderen zum Auftreten neuer Nationalismen geführt, die sich politisch nur in Slowenien und Kroatien haben anerkennen lassen, während andernorts Kämpfe und grauenhafte Massaker weitergehen. Einer der schlimmsten rassistischen Begriffe, die ›ethnische Reinheit‹, der auf unglückselige Weise an eine bestimmte europäische Vergangenheit erinnert, zum Beispiel auf der Iberischen Halbinsel (das ›Blutsdenken‹ am Ende des 15. Jahrhunderts) und im nazistischen Europa, hat verheerende Folgen. Das Unglück des alten Europas liegt darin, daß es zu lange Zeit unterdrückte Nationalismen hat heranreifen lassen, die heute anachronistisch sind, weil sie sich nicht gleichzeitig mit den anderen haben entfalten können. Sie drohen Europa zeitlich versetzt zu gefährden und zurückzuwerfen, bevor das Europa der Nationen vollendet ist, während im größten Teil des Kontinents bereits ein vereintes Europa sichtbar wird. Dieses Mißverhältnis der Nationalismen ist die erste Krankheit des modernen Europa.

Die zweite Krankheit, die häufig mit der ersten verbunden ist, ist das Wiedererstehen des Rassismus und der Mentalität des Ausschließens, wovon der eine sich durch fremdenfeindliche Angriffe äußert, die häufig an den Nationalsozialismus erinnern, während die andere angesichts einer großen Einwanderungsbewegung unglücklicherweise von den Regierungen beschlossen wurde, die damit einen alten europäischen Mechanismus des Sich-Verschließens und der Selbstbezogenheit wiederaufnehmen.

Denn angesichts der Herausforderung der modernen Welt findet Europa die Dualität seiner Traditionen wieder und zögert häufig, welche Entscheidung es treffen soll.

Das 19. Jahrhundert hatte die Idee der Demokratie populär gemacht und das Modell der parlamentarischen Demokratie geschaffen. Nach dem Fall der Diktaturen gibt es im heutigen Europa fast überall demokratische Regierungsformen, aber vor allem im Zentrum und im Osten sind diese Demokratien zerbrechlich, und andernorts hat die politische Demokratie es nie verstanden, mit einer wirklichen wirtschaftlichen und sozialen Demokratie einherzugehen. Die Verwirklichung der Demokratie steht stärker als je zuvor auf der Tagesordnung in Europa.

Sehr früh hat sich Europa auf die Vergangenheit berufen, auf die Geschichte. Seit den Griechen ist Klio eine der Herrinnen Europas, und die Nationalbewegungen haben sich nicht selten auf eine Geschichte berufen, die erfunden war. Der Grund dafür liegt in der Komplexität und Vieldeutigkeit der Geschichte. Wie Jean Baudrillard gesagt hat, ist ›die Geschichte seit Hegel die beherrschende Instanz der Moderne geworden‹, aber derselbe Hegel hat von der ›Last der Geschichte‹ gesprochen. Europa muß sich jetzt der Manipulationen und Fälschungen der Geschichte entledigen sowie der lähmenden Last eines bestimmten Zugriffs auf die Geschichte. Stärker als andere Kontinente erlebt Europa heute ein Erwachen der *Erinnerung.* Auch hier gilt: wenn die Erinnerung das Vergessen der Fehler und Verbrechen der Vergangenheit bekämpfen soll, um dazu beizutragen, sie nicht zu wiederholen, so muß sie einer wissenschaftlichen und objektiven Geschichtsschreibung die Sorge überlassen, auf der Basis des Respekts vor der Geschichte eines jeden einzelnen die gemeinsame Erinnerung Europas zu schaffen.

Selbst in den Phasen der Einheit war Europa Vielfalt, im Römischen Reich, unter dem Christentum oder während der industriellen Revolution. Die *longue durée* Europas erweist sich als eine Dialektik zwischen dem Bemühen um Einheit und dem Bewahren der Vielfalt. Deshalb scheint das Modell eines Europa der Nationen gegenwärtig für die Anforderungen der europäischen Einheit das am besten geeignete zu sein.

Das Erfordernis einer europäischen Einheit stimmt überein mit dem Atem der Geschichte, der bald die Zerstückelung politischer Komplexe in nationale Einheiten begünstigt, bald die Schaffung großer Komplexe gefördert hat, die man Reiche nannte. Europa muß heute eine andere Form der Einheit erfinden als die eines Reiches. Diese Orientierung entspricht nicht nur seinen inneren Notwendigkeiten, sie ist auch eine Reaktion auf die äußeren Herausforderungen, auf die Europa in veränderten Formen in der gegenwärtigen Welt trifft. Das Europa des Mittelalters und der Neuzeit hat der byzantinischen Welt, der arabischen und dem Osmanischen Reich entgegentreten müssen. Selbst wenn es sich heute glücklicherweise um eine friedlichere Konfrontation handelt, zwingt die Präsenz riesenhafter Akteure der Geschichte (riesenhaft durch ihre geographische Größe oder durch ihre wirtschaftliche Stärke oder durch beides) Europa dazu, eine vergleichbare Größe zu erreichen, wenn es seine Existenz und seine Identität bewahren und entwickeln will. Gegenüber Amerika, gegenüber Japan, morgen gegenüber China, muß Europa über das nötige Gewicht verfügen, um wirtschaftlich, demographisch und politisch in der Lage zu sein, seine Unabhängigkeit zu sichern.

Zum Glück besitzt es die Kraft seiner Kultur und seines gemeinsamen Erbes. Wir haben gesehen, daß die europäische Kultur im Laufe von zweieinhalb Jahrtausenden in immer neuen Schüben schöpferisch war, und noch heute sind der wichtigste Rohstoff Europas zweifellos die grauen Zellen, wie ein Slogan verkündet hat. Was übrigens das Problem der Größe angeht, so verfügt Europa über zusätzliche Trümpfe. Wenn es sich ausreichend zu einigen versteht, wird es groß sein, wenn es seine nationale und regionale Vielfalt beizubehalten versteht, wird es auch von den Vorzügen der Kleinheit profitieren, die man neuerdings erkannt hat. Vor allem ist es reich an einer Vielfalt von Größen, die aus ihm eine Welt mannigfaltiger und einander ergänzender Maßstäbe machen.

Die Bedeutung des Bildungswesens und der Forschung für jede Form der Stärke und des Wachstums wird heute anerkannt. Europa profitiert vom ältesten Kapital der Alphabetisierung. Es bleibt der bedeutendste Ort der Innovation im Bereich der Forschung, auch wenn es nicht, wie die Vereinigten Staaten oder Japan, die Mittel hat, die Lagerstätten der Intelligenz auf die gleiche Weise zu nutzen. Europa wurde früh industrialisiert und hat seine Umwelt stark zerstört oder verschmutzt, aber bereits im Mittelalter sorgten dörfliche Gemeinschaften dafür, das waldwirtschaftliche Erbe, das durch hemmungslose Ausbeutung fast zugrundegerichtet worden war, wieder herzustellen. Europa besitzt ein ökologisches Erbe. Auch hier ist die Moderne nur die Beschleunigung einer Tradition.

Europa findet in seiner Geschichte auch Traditionen, um auf die meisten anderen Herausforderungen der modernen Welt zu reagieren, wenn diese Herausforderungen auch bisher unbekannte Formen und Größe angenommen haben. Raymond

Aron glaubte, das Ideal der Moderne sei ›das prometheische Streben, das Streben, dank Wissenschaft und Technik Herrscher und Besitzer der Natur zu werden‹. Seit dem Mittelalter war Europa dieses Risiko bekannt, und seit dem Mittelalter haben sich Mittel zur Abhilfe gezeigt. Die Ethik als Gegengewicht (Wissenschaft ohne Gewissen ist nur eine Ruine der Seele, heißt es bei Rabelais) und die Unterwerfung des Wirtschaftlichen und Technischen unter das Politische im Rahmen des Allgemeinwohls haben den prometheischen Stolz im Zaum gehalten.

Eine andere Herausforderung ist das Geld. Das Europa des 13. und dann das des 19. Jahrhunderts hat sich wie besinnungslos auf den Profit gestürzt, auf den Reichtum, vor allem auf den Geldreichtum. Auch hier haben moralische Kräfte die Gier und die Verwüstungen des Geldes zu begrenzen verstanden. Die Wirtschaft, die als eigener Bereich, als anerkannte Kraft in der Vergangenheit der Menschheit und im besonderen in der Vergangenheit Europas nicht existierte, strebt heute danach, alles zu beherrschen. Nicht nur die Staaten und die einzelnen Menschen scheinen angesichts undurchsichtiger wirtschaftlicher Kräfte und vermeintlicher wirtschaftlicher Gesetze abzudanken, selbst die Wirtschaftswissenschaft, der diese Staaten willig ihr Ohr leihen, hat bis jetzt die Krisen und ihre schlimmste Erscheinung, die Arbeitslosigkeit, nicht zu analysieren und noch weniger einzudämmen vermocht. Europa muß der Welt das Beispiel geben, Wirtschaft und Wirtschaftswissenschaftler wieder auf ihren Platz zu verweisen.

Europa war der wichtigste Geburtsort der Vernunft – im antiken Griechenland, in der mittelalterlichen Scholastik, im Humanismus der Renaissance, in der Philosophie der Aufklärung, in der Wissenschaft des 19. und des 20. Jahrhunderts. Wenn der Rationalismus auch übertriebene und gefährliche Formen angenommen hat, darunter der Szientismus, so muß die gegenwärtige Reaktion, die viele Europäer zu verlocken scheint, die Verführung durch Antiintellektualismus, durch Antirationalismus, die in den verschiedenartigsten Formen auftreten – von bestimmten ökologischen Phantastereien bis zu oft gefährlichen Überspanntheiten von Sekten –, doch bekämpft werden, und das Erbe des europäischen Denkens kann den heutigen Europäern helfen, dergleichen Wahnvorstellungen zurückzudrängen.

Man erkennt, wie ich glaube, an dem Gesagten, bei dem der Historiker zum Staatsbürger wird, daß die Entscheidung für Europa nicht in der Wahl zwischen Tradition oder Moderne besteht. Sie besteht im richtigen Gebrauch der Traditionen, im Rückgriff auf das Erbe als Kraft der Anregung, als Stütze, um eine andere europäische Tradition zu bewahren und zu erneuern, die der Kreativität. Einer der bösen Dämonen Europas war es, zu häufig die europäische Zivilisation mit der gesamten Zivilisation zu verwechseln, eine Welt nach seinem Bildnis haben zu wollen. Wenn Europa ein Modell für die Welt der Moderne sein will, muß es die anderen respektieren, sich für die anderen öffnen. Gerade weil es seit den Griechen immer wieder für andere offen war, hat es große Dinge hervorgebracht.

Jean Baudrillard hat unter den Krankheiten der Moderne auch eine Angst diagnostiziert, die die Europäer heute zu künstlichen Paradiesen treibt, zu maßlosem Konsum von Beruhigungsmitteln und Medikamenten, zum Anstieg der Zahl von Geisteskranken und Selbstmorden. Auch dies hat das alte Europa gekannt. Das bedeutet nicht, daß die Geschichte ein ewiger Kreislauf wäre. Heraklit hatte recht, als er sagte, der Mensch bade niemals zweimal in demselben Fluß. Aber es gibt in der Geschichte Strukturen der *longue durée*, die über Generationen hinweg die Grundlage der kollektiven Identität von Männern und Frauen bilden, die lange Zeit zusammengelebt haben. Man hat die Ausbreitung des Christentums im antiken Europa im Zusammenhang mit einem ›Zeitalter der Angst‹ betrachten können. Das Mittelalter und die Neuzeit wurden durchzogen von großen Ausbrüchen von Ängsten, von Anfällen eines Wahnsinns, den Michel Foucault sehr richtig eingeordnet hat zwischen der Angst vor dem Wechsel und dem Schock der Unterdrükkung in den Hospitälern, von Selbstmordepidemien, dem Aufbrechen des Flagellantismus, den Delirien einer millenischen Furcht vor der großen Abenddämmerung der Menschheit. Bronislaw Geremek hat gezeigt, wie die Ausgrenzung von Außenseitern, die keine Wohnstätte und keine Arbeit hatten, im Mittelalter und in der Neuzeit Scharen von Vagabunden und Bettlern auf die Straßen Europas getrieben hat, die leicht zu Dieben und Kriminellen wurden. An diese Außenseiter, diese Ausgeschlossenen erinnern heute die Scharen von Arbeitslosen, von ›neuen Armen‹, von Drogenabhängigen, von Straffälligen der Vorstädte. Europa hat diese Ängste und Krisen zu überwinden gewußt. Es muß es auch heute tun, ohne zu warten bis die Städte, die die Quelle der europäischen Zivilisation waren, mit noch mehr Leichen der Ausgrenzungsopfer bedeckt sind. Und um diese wiederkehrenden, aber immer unerträglicher werdenden Geißeln besser zu bekämpfen, muß es sich vereinen. Es muß eine seiner charakteristischen Eigenschaften wiedererlangen: das Gleichgewicht – das sich nur durch das Ausmerzen der Ungleichheiten verwirklichen läßt, der Ungerechtigkeiten und zunächst der Armut. Europa hat es verstanden, zwischen einer willentlichen Armut zu unterscheiden, die eine Tugend darstellt, und einer aufgezwungenen Armut, die ein Unglück ist. Es ist an den Europäern, gegen die neue Armut, die Millionen unter ihnen aufgezwungen wird, erneut den Kampf aufzunehmen.

Europa ist nicht alt, es ist traditionsreich. Die Welt ist keine moderne, sondern eine gegenwärtige Welt. Der richtig gebrauchte Reichtum seiner Traditionen ist eine Stärke. Die Geschichte ist eine Kraft, die sich nach vorne bewegt, und wenn auch nicht zu *dem* Fortschritt, so doch wenigstens zu Fortschritten hinführt – hoffen wir es, indem wir einem Begriff seinen Inhalt und seinen Adel zurückgeben, den unsere Epoche vor allem in Europa schlecht behandelt hat, wo sich Abscheulichkeiten ereignet haben, von denen man gedacht hätte, sie seien auf diesem Kontinent für immer überwunden.

Ich habe in diesem Text Auszüge aus zwei anderen Texten verwendet: ›Europe, vingt-cinq siècles de vie commune‹, erschienen in *Télérama*, n° 2226, 12./18. September 1992 und ›L'Europe occidentale médiévale du VIe au XVIe siècle‹, einem Kapitel der neuen *Histoire culturelle de l'Humanité*, herausgegeben von der UNESCO (im Druck).

Ich beziehe mich auf meinen Artikel ›Antique (ancien) Moderne‹, der zuerst 1977 auf italienisch in der *Enciclopedia Einaudi* erschienen ist und in *Histoire et Mémoire* (Paris, Gallimard, 1988) wiederaufgenommen wurde, auf das Buch von Henri Hauser, *La modernité du XVIe siècle*, das 1930 erschienen und 1963 bei Armand Colin, Paris, mit einem Vorwort von Fernand Braudel wiederaufgelegt worden ist, auf den Artikel von Jean Baudrillard, ›Modernité‹ in der *Encyclopédia Universalis*, Bd. 11 (1968) und auf das Buch von Henri Lefebvre, *Introduction à la modernité*, Paris, Editions de Minuit, 1962.

E U R O P A   B A U E N

ist die erste Buchreihe, die gleichzeitig in Deutschland, Frankreich, England, Italien und Spanien veröffentlicht wird. Sie widmet sich den grundlegenden Aspekten der europäischen Geschichte und Tradition. Die einzelnen Bände behandeln die großen Themen der europäischen Kultur, Gesellschaft, Religion und Politik in einer übergreifenden Perspektive von der Antike bis zur Gegenwart, oder sie stellen herausragende Epochen der Geschichte Europas dar. Die historische Einheit des Kontinents in der spannungsreichen Vielfalt ihrer regionalen Erscheinungsformen zu beschreiben, ist das gemeinsame Anliegen aller Bände der Reihe, die auf diese Weise selbst einen Beitrag zum Aufbau Europas leisten möchte.

›... von hoher literarischer Qualität, also vergnüglich zu lesen; wissenschaftlich zuverlässig, also die Lektüre eines halben Dutzend akademischer Titel ersetzend; genährt von Aufbruchsstimmung in eine neue Welt jenseits der Ideologien, also Lektüre für den deutschen Nachttisch.‹ *Der Tagesspiegel*

Der Herausgeber:
Jacques Le Goff ist Professor für mittelalterliche Geschichte und leitender Direktor an der Ecole des hautes études en sciences sociales in Paris. Er ist Mitherausgeber der Zeitschrift ›Annales‹ und Autor zahlreicher Werke, darunter u. a. ›Die Intellektuellen im Mittelalter‹ und ›Die Geburt des Fegefeuers‹. 1993 erhielt er den Historikerpreis der Stadt Münster.

Verlag C. H. Beck München